AF250961

Lt-COLONEL MARQUIS D'ELBÉE

La Famille

DU

Général d'Elbée

RÉPONSE A UN FACTUM

VANNES

IMPRIMERIE LAFOLYE FRÈRES

1909

TRIBUNE DE LA « REVUE DU BAS-POITOU »

Nous recevons la lettre suivante :

Mon cher Directeur,

Je reçois le n° de la Vendée Historique et Tradition-niste du 20 mars, paru avec un retard de huit jours : j'y trouve que ma défense à l'attaque de M. le comte de Saint-Saud, dont l'insertion est acceptée et annoncée, est cependant rejetée au mois d'avril prochain.

Devant ce procédé qui paraît un aveu fort domma-geable à la moralité de la campagne entreprise contre ma famille, je me vois obligé de vous demander une place pour l'insertion d'une réponse qui ne peut souf-frir un si long retard.

Veuillez agréer, mon cher Directeur, mes remercie-ments et mes sentiments affectueusement dévoués.

Lt-COLONEL, MARQUIS D'ELBÉE.

Beyris, 29 mars 1909.

La grande amitié que nous gardons à notre excellent colla-borateur, M. le lieutenant-colonel Mis d'Elbée, nous fait un aimable devoir de lui donner cette satisfaction. Ainsi fai-sant, nous nous associons de tout cœur à la réprobation générale qu'a provoquée la reprise de la campagne aussi odieuse qu'injustifiée dont il est l'objet.

N. D. L. D.

LA

FAMILLE DU GÉNÉRAL D'ELBÉE

RÉPONSE A UN FACTUM

M. le comte de Saint-Saud vient de donner à la *Tribune de la Vendée Historique et Traditionniste* un travail entrepris depuis six ans sur les *Origines du Général Vendéen d'Elbée*.

Il l'eût intitulé volontiers « Epilogue », dit-il, épilogue d'une vieille querelle entre le marquis de Chauvelin et moi que le temps semblait avoir apaisée ; cet aveu vient rendre, à cette reprise d'un conflit oublié, son véritable caractère, celui de question personnelle, d'acte de froide vengeance ; caractère qu'il était nécessaire de signaler parce qu'il infirme l'impartialité et l'indépendance de l'auteur.

M. le comte de Saint-Saud est courtois, je le reconnais, il me prie de lui en savoir gré, comme si la courtoisie de la forme pouvait atténuer la perfidie du fond. Si je suis couvert de fleurs c'est pour mieux m'étouffer et me demander d'en savoir gré c'est beaucoup exiger de ma naïveté.

Je suis pour plus de franchise; c'est le ton que je prendrai.

Donc, depuis six ans « la chasse est ouverte », la battue aux petits papiers est organisée; la science généalogique de l'auteur du factum s'exerce à loisir sur ma famille et lorsque l'enquête paraît close ou, mieux, le réquisitoire suffisamment machiné, après des tentatives de publicité sous le voile du pseudonyme, M. le comte de Saint-Saud se découvre enfin et, s'arrogeant un mandat dont j'ignore l'origine et dont l'autorité m'échappe, me cite à sa barre, à la fois, accusateur, juge et partie.

La vieille maison d'Elbée a bien résisté à ce travail de termite. Notre juge a bien voulu lui concéder qu'elle est de vieille souche de gentilshommes, noble d'extraction, sans principe d'anoblissement, ayant ses preuves bien en règle; il pousse la condescendance jusqu'à ne pas nous contester le titre de marquis par courtoisie (nous n'avons jamais eu d'autre prétention que l'admission aux honneurs de la Cour) et, rendons justice à notre juge, il nous proclame d'excellente race, sans doute avec les vertus d'honneur et de loyauté que comporte ce mot.

Je saurais gré de tant de concessions obligées, si elles ne venaient là dans u   t intéressé.

M. le comte de Saint-Saud commence par porter un coup sensible à cette loyauté en accusant les d'Elbée de 1828 d'avoir revendiqué une parenté hypothétique avec le général Vendéen d'Elbée.

J'ai donné dans une brochure publiée en 1902 — *La duchesse de Berry à Beaupréau* — les documents et traditions de famille qui légitimaient cette revendication et la confirmation officielle donnée par le roi Charles X à une prétention justifiée.

L'auteur du factum a rappelé quelques-uns de ces documents.

Mais il n'est pas inutile de les compléter ici.

Arrêté Préfectoral du 7 juin 1828 pour l'inscription de Charles-Louis marquis d'Elbée, officier aux gardes du Corps, et de Antoine Adrien d'Elbée, conseiller de Préfecture à Beauvais, comme membres de la Commission du monument élevé à Beaupréau, en qualité « de parents du général Vendéen qui existent « encore aujourd'hui ».

Don personnel du Roi d'une souscription de 1000 fr. sur la production d'un Mémoire de mon grand-père. Décision du 22 février 1828 annonçant le don du Roi au marquis d'Elbée, d'une copie du portrait du général vendéen avec les armoiries d'Elbée.

Le lieutenant-colonel marquis d'Elbée est délégué pour accompagner Mme la duchesse de Berry à Beaupréau pour la pose de la première pierre du monument d'Elbée ; il prononce n discours au nom de la famille.

BIBLIOTHÈQUE NATIONALE

M. le comte de Saint-Saud s'explique ainsi la genèse d'une certitude qui provoqua mon intervention
dans le conflit de 1901.

Mais il ne la cherche pas plus avant ; c'est dire,
pour qui sait lire, que les d'Elbée de 1828 ont été
sollicités de revendiquer la parenté par l'illustration
donnée à leur nom.

Cependant, en lisant ma brochure avec plus de soin,
il aurait trouvé que les relations de parenté sont an-
térieures à 1789 et que le futur général vendéen,
lorsqu'il n'était encore qu'un obscur officier à Dauphin-Cavalerie ou aux chevau-légers, a réclamé l'appui de ses parents de même nom.

Longtemps même avant 1789, son père, général au
service du roi de Pologne à Dresde, dans les rares
apparitions qu'il faisait en France, venait à Espainville
où habitaient les d'Elbée de Beauce et la tradition nous
est restée qu'il y fréquentait chez ses parents.

Pendant dix ans (1772-1782) quatre officiers du nom
de d'Elbée, dont le jeune lieutenant de Dauphin-Cavalerie, étaient au service du Roi, inscrits ensemble
sur les Etats militaires de France, ne s'ignorant pas
et se prêtant l'appui de parents reconnus.

Henri-François d'Elbée, capitaine à Penthièvre Cavalerie, recommande à M. de Vibraye le jeune officier pour faciliter son entrée au régiment.

Louis-Alexandre, comte d'Elbée, aide-major à Penthièvre Cavalerie, retiré du service en 1763, bien connu
à la Cour et dans le monde militaire, le recevait dans

son logis de la rue d'Enfer. C'est chez lui que mon grand-père, alors élève au Collège Duplessis, rencontra le futur général Vendéen qui venait réclamer l'appui du comte d'Elbée pour solliciter une compagnie.

Faut-il rappeler encore le témoignagne des d'Elbée émigrés à l'armée de Condé qui se réclamaient d'une parenté commune avec le général.

Si je me suis étendu sur ces souvenirs de famille c'est pour établir que la genèse de ma conviction et des revendications des d'Elbée de 1828 ne date pas de la Restauration.

Mais ce faisceau de témoignages traditionnels est de peu de poids pour le généalogiste qui n'admet que les parentés écrites sur des registres. Si nous le suivons sur ce terrain, nous y chercherons vainement la trace des documents qui pouvaient entraver sa thèse.

Le généalogiste passe à côté de l'acte de mariage de Maurice d'Elbée, père du futur général vendéen, et de l'acte de naissance du général lui-même, où le nom de Gigost a disparu pour ne laisser que celui de d'Elbée.

Il passe à côté d'une note rencontrée dans les papiers laissés par les Gigost d'Elbée où il aurait pu constater que ceux ci se réclament de leur parenté avec un d'Elbée.

S'il a plu aux Gigost, ainsi qu'aux d'Elbée, de ne pas nous révéler l'origine de leur parenté, nous n'avons qu'à nous incliner devant ces témoignages écrits et devant les preuves traditionnelles qu'ils nous ont léguées.

En face de ces documents qui lui soumettaient un problème, le vrai problème, la science généalogique de M. le comte de Saint-Saud s'est trouvée en défaut; nous en cherchons vainement la trace et la discussion. En l'absence de preuves documentaires et d'actes probatifs, le généalogiste en a été réduit à descendre aux arguties, à se réfugier dans l'expédient du dilemme.

On s'étonnera de tant de légèreté dans une question si grave.

Dans sa volonté d'aboutir, il a même oublié que le général vendéen s'appelait d'Elbée, nom porté depuis deux générations, et ne s'est pas posé cette simple question de rechercher pourquoi et comment ce nom s'est accolé à celui de Gigost au su d'une famille connue en France de temps immémorial.

Cependant, je me trompe, le généalogiste a eu le souci de l'importance de la question et a cherché à lui donner une solution sans nous communiquer son déboire.

Il en a été réduit à supposer un fief. Elbée, sis en Ile-de-France, qu'il n'a jamais pu découvrir, resté pour lui à l'état de mythe, parce qu'il n'existe pas et que c'est bien notre nom de d'Elbée que le général Vendéen a porté.

Du fait seul de cette supposition gratuite, de cette ignorance qui ne peut être présentée comme une preuve, la généalogie donnée par M. le comte de Saint-Saud est frappée de nullité.

Devant cette impuissance à aller jusqu'au bout de ses preuves, ne pensera-t-on pas que l'auteur du factum aurait dû s'abstenir, sa conscience généalogique elle-même lui imposait ce devoir, n'eût-il rencontré que cette seule incertitude? Par respect pour la mémoire du héros vendéen, je dis à M. le comte de Saint-Saud qu'il fallait s'abstenir.

Et je dresse mes certitudes traditionnelles en face des incertitudes généalogiques de M. le comte de Saint-Saud.

Au nom des d'Elbée qui, avant 1789, n'avaient aucune sollicitation d'une gloire que rien ne faisait présager, de ces gentilshommes d'honneur et de conscience, de ces officiers qui n'avaient nulle raison d'être des menteurs, des fourbes ni des imposteurs, qui ont connu et reconnu comme leur parent l'obscur officier de Dauphin-Cavalerie.

Au nom des d'Elbée de 1828 dont la loyauté est inattaquable et qui sont aujourd'hui accusés sans défense, condamnés sans preuves, qui n'étaient ni des menteurs ni des fourbes ni des imposteurs, qui ont connu et reconnu le général vendéen d'Elbée comme leur parent et reçu du roi la confirmation officielle des justifications qu'ils ont données.

Comme eux et avec eux je maintiens et revendique une parenté que je ne dois ni ne peux renier, parce qu'elle *est*.

Lieutenant-Colonel, marquis d'ELBÉE.

———

Je joins ma protestation à celle de mon cousin le lieutenant colonel, marquis d'Elbée, contre les insinuations contenues dans un article de M. le comte de Saint-Saud sur les origines de d'Elbée (*Vendée Historique et Traditionniste, février 1909*) tendant à contester notre parenté avec le héros vendéen, parenté reconnue par Sa Majesté le Roi Charles X dans la personne de mon grand-père : Antoine-Adrien d'Elbée, ancien garde de corps de la garde constitutionnelle du Roi Louis XVI, conseiller de préfecture de l'Oise, membre de la Commission du Monument élevé à la mémoire du généralissime d'Elbée.

Warluis, par Beauvais (Oise), 15 mars 1909.
Comte d'Elbée.

———

Loisé, 16 mars 09.

Mon cher cousin,

Je m'associe de tout cœur à votre protestation. Mon arrière-grand-père Pierre d'Elbée de Belmont, marquis d'Elbée, et mon grand-père, Charles-Louis d'Elbée de Belmont, marquis d'Elbée, traitaient et considéraient le généralissime d'Elbée comme leur parent, et, depuis ma plus tendre enfance, je n'en ai jamais entendu, par ma famille et mes alliés, émettre le doute. Les preuves de notre parenté, confirmées par nos traditions de famille, ont plus d'autorité et de certitude que les assertions de M. de Saint-Saud.

Croyez, mon cher cousin, à mon inaltérable affection.

CHARLIER DE GERSON, DE LA MOTTE.

———

Orléans, 15 mars 1909.
5, avenue Dauphine.

MON CHER COUSIN,

Je vous remercie de m'avoir communiqué la réponse que vous avez faite à l'article publié par M. le comte de Saint-Saud dans « *La Vendée Historique et Traditionniste* sous le titre : *Tribune de la Vendée historique. Les Origines de d'Elbée.* Je ne saurais rester indifférente aux efforts tentés par M. de Saint-Saud pour diminuer la valeur d'un nom historique en imaginant, de toutes pièces et sans preuves à l'appui, deux origines différentes pour les membres de la famille d'Elbée.

Petite-fille du marquis d'Elbée, officier des gardes du corps de S. M. Charles X, je proteste énergiquement contre les assertions de M. de Saint-Saud. Les traditions de notre famille et tous mes souvenirs d'enfance confirmés par la possession du tableau donné par le roi Charles X à mon grand-père en démontrent d'ailleurs l'exactitude.

En vous laissant comme chef de famille le soin de défendre une mémoire et un honneur qui nous sont chers à tous, je vous assure, mon cher cousin, de mes bien affectueux sentiments.

GERMON, BARONNE PORTALIS.

MON CHER COUSIN,

Nous nous associons de tout cœur à la protestation indignée que vous opposez aux allégations de M. de Saint-Saud.

Entre les faits précis sur lesquels vous basez votre argumentation et les insinuations basées sur les hypothèses d'un.... généalogiste sans autorité, vos amis sauront trouver la vérité.

Recevez, mon cher cousin, l'assurance de toute notre affection.

E. EATON, NÉE D'ELBÉE;
M. DE CHARBONNIÈRES, NÉE D'ELBÉE.

Paris, jeudi 18 mars 1909.

Tirage à part de la *Revue du Bas-Poitou*
N° de Mars 1909.

Vannes. — Imprimerie LAFOLYE Frères, 2, place des Lices.

www.ingramcontent.com/pod-product-compliance
Lightning Source LLC
Chambersburg PA
CBHW061100080726
47596CB00010B/2629